Birds of Costa Rica

fotolulu Taschenbuch III

Inklusive Checkliste der 924 Vögel Costa Ricas

Impressum

Bibliografische Information der Deutschen Nationalbibliothek:
Die Deutsche Nationalbibliothek verzeichnet diese Publikation in der
Deutschen Nationalbibliografie;
detaillierte bibliografische Daten sind im Internet über www.dnb.de abrufbar.

Herstellung und Verlag:
BoD – Books on Demand, Norderstedt

1 Auflage
© 2017 fotolulu
Fotos & Text: fotolulu · www.fotolulu.de

ISBN: 9783744820455

In diesem Bildband möchte ich Ihnen die vielfältige Vogelwelt Costa Ricas etwas näher bringen.

Lassen auch Sie sich verzauben von der Farbenpracht und Einzigartigkeit, der von mir fotografierten 200 Vogelarten.

Das Buch wird ergänzt mit einer kompletten Checkliste der 924 Vogelarten Costa Ricas - deutsch, latein & englisch.

Ihr fotolulu

Pazifischer Alpenstrandläufer (Calidris alpina pacifica)

Amerikanischer Nimmersatt (Mycteria americana)

Amazonasfischer (Chloroceryle amazona)

Amerkanischer Silberreiher (Egretta alba egretta)

Antillentrupial (Icterus dominicensis)

Arakanga (Ara macao)

Arkansaskönigstyrann (Tyrannus verticalis)

Aztekentäubchen (Scardafella inca)

Azurbischof (Guiraca caerulea)

Bairdtrogon (Trogon viridis bairdii)

Baltimore Trupial (Icterus galbula)

Bangs Gruentangare (Tangara gyrola bangsi)

Bischofstangare (Thraupis episcopus)

Blaßbauchdrossel (Turdus obsoletus)

Blaukopfpitpit (Dacnis cayana)

Blauringtaube (Leptotila verreauxi)

Bluttangare (Piranga bidentata)

Bonapartetaube (Leptotila plumbeiceps)

Brasilianischer Rabengeier (Coragyps atratus brasiliensis)

Brauenwaldsänger (Vermivora peregrina)

Braunbauch-Baumspaeher (Xenops minutus)

Braunbürzelpfäffchen (Sporophila torqueola)

Braunhäher (Psilorhinus morio)

Braunschopftyrann (Myiarchus tyrannulus)

Braunschwanzamazilie (Amazilia tzacatl)

Braunweißer Ameisenvogel (Gymnopithys leucaspis)

Breitflügelbussard (Buteo platypterus)

Bronzekiebitz (Vanellus chilensis)

Bronzekopf-Elvirakolibri (Elvira cupreiceps)

Buntkopfspecht (Melanerpes chrysauchen)

Cabanis-Drossel (Turdus plebejus)

Cabanis-Zaunkönig (Thryothorus modestus)

Carmiol-Tangare (Chlorothraupis carmioli)

Carolina-Braunpelikan (Pelecanus occidentalis carolinensis)

Cayenneralle (Eulabeornis cajaneus)

Cheriway-Schopfkarakara (Polyborus plancus cheriway)

Cherries Tanager (Ramphocelus passerinii costaricensis)

Costa Rica-Brauenmotmot (Electron superciliosa australis)

Costa Rica Quetzal (Pharomachrus mocinno costaricensis)

Costa Rica Quetzal (Pharomachrus mocinno costaricensis)

Costa Rica-Eichhornkuckuck (Piaya cayana stirtoni)

Costa Rica-Fleckenmaskentyrann (Myiodynastes maculatus difficilis)

Costa Rica-Goldbauchtrogon (Trogon aurantiiventris underwoodi)

Costa Rica-Grausaltator (Saltator coerulescens brevicaudus)

Halsband-Waldsänger (Myioborus torquatus)

Costa Rica-Morgenammer (Zonotrichia capensis costraricensis)

Costa Rica-Rotkappenspecht (Melanerpes rubricapillus costaricensis)

Costa Rica-Rotschwanzbussard (Buteo jamaicensis costaricensis)

Costa Rica-Schneebussard (Leucopternis albicollis costaricensis)

Costa Rica-Tigerzaunkönig (Campylorhynchus zonatus costaricensis)

Costa Rica-Veilchentrogon (Trogon violaceus concinnus)

Costa Rica-Weißbindentangare (Piranga leucoptera latifasciata)

Dickcissel (Spiza americana)

Eichelspecht (Melanerpes formicivorus)

Einfarb-Hakenschnabel (Diglossa baritula plumbea)

Einsamer Wasserläufer (Tringa solitaria)

Finkentangare (Chlorospingus ophthalmicus)

Fleckenbrust-Zaunkönig (Thryothorus maculipectus)

Flußwaldsänger (Basileuterus rivularis fulvicauda)

Frasers Schwarzschnabeltityra (Tityra inquisitor fraseri)

Gelbbauch-Schnäppertyrann (Mitrephanes phaeocercus)

Gelbbauchzeisig (Carduelis xanthogastra)

Gelbbindenvireo (Vireo carmioli)

Gelbflanken-Seidenschnäpper (Phainoptila melanoxantha)

Gelbkopfkarakara (Milvago chimachima)

Gelbscheitelorganist (Euphonia luteicapilla)

Gelbschenkel-Buschammer (Pselliophorus tibialis)

Gelbstirn-Blatthühnchen (Jacana spinosa)

Gilbdrossel (Turdus grayi)

Glattschnabelani (Crotophaga ani)

Goldbraue (Tiaris olivacea)

Goldwaldsänger (Dendroica petechia)

Graukappen-Maskentyrann (Myiozetetes granadensis)

Graukehl-Musendrossel (Catharus gracilirostris)

Graukehlschwalbe (Stelgidopteryx serripennis)

Graukopfguan (Ortalis cinereiceps)

Graukopftangare (Eucometis penicillata)

Grünreiher (Butorides striatus virescens)

Grünstirn-Lanzettschnabel (Doryfera ludovicae)

Grünwaldsänger (Dendroica virens)

Gürtelfischer (Ceryle alcyon)

Halsbandarassari (Pteroglossus torquatus)

Henrys Grünstirn-Brilliantkolibri (Heliodoxa jacula henryi)

Herbstente (Dendrocygna autumnalis)

Hoffmannspecht (Melanerpes hoffmannii)

Indigopfäffchen (Amaurospiza concolor)

Jungferntrogon-puella (Trogon collaris)

Kappennaschvogel (Chlorophanes spiza)

Kapuzenameisenwürger (Thamnophilus bridgesi)

Karminhabia (Habia rubica)

Kleine Weißstirnamazone (Amazona albifrons nana)

Kleiner Veilchenohrkolibri (Colibri thalassinus)

Königsgeier (Sarcoramphus papa)

Krabbenreiher (Nyctanassa violacea)

Königspecht (Campephilus guatemalensis)

Lachfalke (Herpetotheres cachinnans)

Langschwanz-Baumsteiger (Deconychura longicauda)

Langschwanz-Seidenschnäpper (Ptilogonys caudatus)

Langschwanzhäher (Calocitta formosa)

Langschwanzpipra (Chiroxiphia linearis)

Lanzettschwanzpipra (Chiroxiphia lanceolata)

Lanzettstrichel-Baumsteiger (Lepidocolaptes souleyetii)

Linienspecht (Dryocopus lineatus)

Mangrovebussard (Buteogallus subtilis)

Mangroveschwalbe (Tachycineta albilinea)

Mexikozuckervogel (Coereba flaveola mexicana)

Mittlerer Buntkehlsaltator (Saltator maximus intermedius)

Mittlerer Hauszaunkönig (Troglodytes aedon intermedius)

Mönchswaldsänger (Wilsonia pusilla)

Montezumastirnvogel (Psarocolius montezuma)

Nacktkehlreiher (Tigrisoma mexicanum)

Nördlicher Bindenbaumsteiger (Dendrocolaptes certhia sanctithomae)

Nördlicher Fleckenmaskentyrann (Myiodynastes luteiventris)

Nordamerikanischer Schlangenhalsvogel (Anhinga anhinga leucogaster)

Ockergelb-Schnäppertyrann (Contopus ochraceus)

Olivrueckenorganist (Euphonia gouldi)

Palmentangare (Thraupis palmarum)

Panama Kahnschnabel (Cochlearius cochlearius panamensis)

Panama Schwarzkappen-Mückenfänger (Polioptila plumbea supercilliaris)

Panama-Bandtaube (Columba fasciata crissalis)

Panama-Braunrücken-Ameisenvogel (Myrmeciza exsul occidentalis)

Panama-Fischertukan (Ramphastos sulfuratus brevicarinatus)

Panamaammer (Arremonops conirostris)

Passerini-Tangare (Ramphocelus passerinii)

Pazifik-Bindenameisenwürger (Thamnophilus doliatus pacificus)

Pazifischer Schopftyrann (Myiarchus nuttingi)

Peru-Dohlengrackel (Quiscalus mexicanus peruvianus)

Purpurkehl-Nymphe (Lampornis castaneoventris calolaema)

Purpurkron-Schmuckkolibri (Heliothryx barroti)

Purpurmaskentangare (Tangara larvata)

Hudsonbay-Brachvogel (Numenius phaeopus hudsonicus)

Ridgways Brasilzwergkauz (Glaucidium brasilianum ridgwayi)

Ridgways Schwarzbussard (Buteogallus urubitinga ridgwayi)

Riefenschnabelani (Crotophaga sulcirostris)

Rötelreiher (Egretta rufescens)

Rostbauchguan (Penelope purpurascens)

Rostkappenbaumsteiger (Dendrocincla homochroa)

Rostschwanzammer (Aimophila ruficauda)

Rotbrustfischer (Ceryle torquatus)

Rothals-Dreifarbenreiher (Egretta tricolor ruficollis)

Rothschild-Prachtfregattvogel (Fregata magnificens rothschildi)

Rotnackenzaunkönig (Campylorhynchus rufinucha)

Rotscheitel-Maskentyrann (Myiozetetes similis)

Rotschenkelpitpit (Dacnis venusta)

Rotschulterstärling (Agelaius phoeniceus)

Rotschwanz-Rosttäubchen (Columbina talpacoti rufipennis)

Rußdrossel (Turdus nigrescens)

Salvinsamazone (Amazona autumnalis salvini)

Schläfenfleckspecht (Melanerpes pucherani)

Schlammtreter (Catoptrophorus semipalmatus)

Schlankschnabel-Regenpfeifer (Charadrius collaris)

Schmuckreiher (Egretta thula)

Schneesichler (Eudocimus albus)

Schuppenbrustkolibri (Phaeochroa cuvierii)

Schwalbenorganist (Euphonia hirundinacea)

Schwarzer Ameisenvogel (Myrmeciza immaculata)

Schwarzkappen-Schnäppertyrann (Empidonax atriceps)

Schwarzkappen-Schopftyrann (Myiarchus tuberculifer)

Schwarzkehltrogon (Trogon rufus)

Schwarzkopf-Musendrossel (Catharus mexicanus)

Schwarzkopf-Todityrann (Todirostrum nigriceps)

Schwarzkopftrogon (Trogon citreolus melanocephalus)

Schwarznacken-Stelzenläufer (Himantopus mexicanus)

Schwarzschopfelfe (Pahosia helenae)

Schwefelmaskentyrann (Pitangus sulphuratus)

Sclaters Piroltrupial (Icterus pustulatus sclateri)

Sperberwaldfalke (Micrastur ruficollis)

Sperberweihe (Geranospiza caerulescens)

Sperlingstäubchen (Columbina passerina)

Splendens-Jacariniammer (Volatinia jacarina splendens)

Starkschnabel-Maskentyrann (Megarynchus pitangua)

Stelzenwaldsänger (Seiurus motacilla)

Streifenkehl-Schattenkolibri (Phaethornis longuemareus striigularis)

Südliche Weißflügeltaube (Zenaida asiatica australis)

Sumpfschnäppertyrann (Empidonax flavescens)

Swainsontukan (Ramphastos ambiguus swainsonii)

Tovisittich (Brotogeris jugularis)

Trauerschnäppertyrann (Contopus fumigatus lugubris)

Trauertyrann (Tyrannus melancholicus)

Truthahngeier (Cathartes aura)

Tuberkelhokko (Crax rubra)

Türkisnaschvogel (Cyanerpes cyaneus)

Uferwaldsänger (Seiurus noveboracensis)

Uferzaunkönig (Thryothorus nigricapillus semibadius)

Violettdegenflügel (Campylopterus hemileucurus)

Violettkron-Brilliantkolibri (Eugenes fulgens)

Violettkronennymphe (Thalurania furcata colombica)

Vulkanelfe (Selasphorus flammula)

Wegebussard (Buteo magnirostris)

Weißbrauen-Buschtangare (Chlorospingus pileatus)

Weißhals-Faulvogel (Notharchus macrorhynchos)

Weißbauchorganist (Euphonia minuta)

Weißstreif-Kleintyrann (Tyranniscus vilissimus)

Weißzügel-Faulvogel (Malacoptila panamensis)

Westlicher Langschwanz-Schattenkolibri (Phaethornis superciliosus longirostris)

Zimtbauchamazilie (Amazilia rutila)

Zimtkehlschwalbe (Stelgidopteryx ruficollis)

Zimtschmucktyrann (Rhytipterna holerythra)

Zitronenwaldsänger (Protonotaria citrea)

Zwergschnäppertyrann (Empidonax minimus)

Zwergsultanshuhn (Gallinula martinica)

Checkliste

Land oder Region: Costa Rica
Anzahl von Spezies : 924
Anzahl von Endemischen : 8

Tinamidae

Bergtinamu	Nothocercus bonapartei	Highland Tinamou
Großtinamu	Tinamus major	Great Tinamou
Brauntinamu	Crypturellus soui	Little Tinamou
Graukehltinamu	Crypturellus boucardi	Slaty-breasted Tinamou
Buschtinamu	Crypturellus cinnamomeus	Thicket Tinamou

Anatidae

Witwenpfeifgans	Dendrocygna viduata	White-faced Whistling-Duck
Rotschnabel-Pfeifgans	Dendrocygna autumnalis	Black-bellied Whistling-Duck
Gelbbrust-Pfeifgans	Dendrocygna bicolor	Fulvous Whistling-Duck
Glanzente	Sarkidiornis melanotos	Comb Duck
Moschusente	Cairina moschata	Muscovy Duck
Kanadapfeifente	Anas americana	American Wigeon
Stockente	Anas platyrhynchos	Mallard
Blauflügelente	Anas discors	Blue-winged Teal
Zimtente	Anas cyanoptera	Cinnamon Teal
Löffelente	Anas clypeata	Northern Shoveler
Bahamaente	Anas bahamensis	White-cheeked Pintail
Spießente	Anas acuta	Northern Pintail
Krickente	Anas crecca	Green-winged Teal
Riesentafelente	Aythya valisineria	Canvasback
Rotkopfente	Aythya americana	Redhead
Ringschnabelente	Aythya collaris	Ring-necked Duck
Bergente	Aythya marila	Greater Scaup
Kanadabergente	Aythya affinis	Lesser Scaup
Kappensäger	Lophodytes cucullatus	Hooded Merganser
Maskenruderente	Nomonyx dominicus	Masked Duck
Schwarzkopf-Ruderente	Oxyura jamaicensis	Ruddy Duck

Cracidae

Blauflügelguan	Ortalis vetula	Plain Chachalaca
Graukopfguan	Ortalis cinereiceps	Gray-headed Chachalaca
Rostbauchguan	Penelope purpurascens	Crested Guan
Mohrenguan	Chamaepetes unicolor	Black Guan
Tuberkelhokko	Crax rubra	Great Curassow

Odontophoridae

Guatemalawachtel	Dendrortyx leucophrys	Buffy-crowned Wood-Partridge
Fleckenwachtel	Colinus cristatus	Crested Bobwhite
Marmorwachtel	Odontophorus gujanensis	Marbled Wood-Quail
Schwarzohrwachtel	Odontophorus melanotis	Black-eared Wood-Quail
Weißkehlwachtel	Odontophorus leucolaemus	Black-breasted Wood-Quail
Tropfenwachtel	Odontophorus guttatus	Spotted Wood-Quail
Langbeinwachtel	Rhynchortyx cinctus	Tawny-faced Quail

Podicipedidae

Schwarzkopf-Zwergtaucher	Tachybaptus dominicus	Least Grebe
Bindentaucher	Podilymbus podiceps	Pied-billed Grebe
Schwarzhalstaucher	Podiceps nigricollis	Eared Grebe

Diomedeidae

Galapagosalbatros	Phoebastria irrorata	Waved Albatross

Procellariidae

Teufelssturmvogel	Pterodroma hasitata	Black-capped Petrel
Galapagossturmvogel	Pterodroma phaeopygia	Galapagos Petrel
Tahitisturmvogel	Pseudobulweria rostrata	Tahiti Petrel
Schwarzsturmvogel	Procellaria parkinsoni	Parkinson's Petrel
Gelbschnabelsturmtaucher	Calonectris diomedea	Cory's Shearwater
Rosafuß-Sturmtaucher	Ardenna creatopus	Pink-footed Shearwater
Großer Sturmtaucher	Ardenna gravis	Great Shearwater
Keilschwanz-Sturmtaucher	Ardenna pacifica	Wedge-tailed Shearwater
Dunkler Sturmtaucher	Ardenna grisea	Sooty Shearwater
Kurzschwanz-Sturmtaucher	Ardenna tenuirostris	Short-tailed Shearwater
Weihnachtssturmtaucher	Puffinus nativitatis	Christmas Shearwater
Galapagossturmtaucher	Puffinus subalaris	Galapagos Shearwater
Atlantiksturmtaucher	Puffinus puffinus	Manx Shearwater
Schwarzsteiß-Sturmtaucher	Puffinus opisthomelas	Black-vented Shearwater
Audubonsturmtaucher	Puffinus lherminieri	Audubon's Shearwater

Hydrobatidae

Buntfuß-Sturmschwalbe	Oceanites oceanicus	Wilson's Storm-Petrel
Weißgesicht-Sturmschwalbe	Pelagodroma marina	White-faced Storm-Petrel
Weißbauch-Sturmschwalbe	Fregetta grallaria	White-bellied Storm-Petrel
Wellenläufer	Oceanodroma leucorhoa	Leach's Storm-Petrel
Madeirawellenläufer	Oceanodroma castro	Band-rumped Storm-Petrel
Galapagoswellenläufer	Oceanodroma tethys	Wedge-rumped Storm-Petrel

Schwarzwellenläufer	Oceanodroma melania	Black Storm-Petrel
Rußwellenläufer	Oceanodroma markhami	Markham's Storm-Petrel
Zwergsturmschwalbe	Oceanodroma microsoma	Least Storm-Petrel

Phaethontidae

Weißschwanz-Tropikvogel	Phaethon lepturus	White-tailed Tropicbird
Rotschnabel-Tropikvogel	Phaethon aethereus	Red-billed Tropicbird
Rotschwanz-Tropikvogel	Phaethon rubricauda	Red-tailed Tropicbird

Ciconiidae

Maguaristorch	Ciconia maguari	Maguari Stork
Jabiru	Jabiru mycteria	Jabiru
Waldstorch	Mycteria americana	Wood Stork

Fregatidae

| Prachtfregattvogel | Fregata magnificens | Magnificent Frigatebird |
| Bindenfregattvogel | Fregata minor | Great Frigatebird |

Sulidae

Maskentölpel	Sula dactylatra	Masked Booby
Nazcatölpel	Sula granti	Nazca Booby
Blaufußtölpel	Sula nebouxii	Blue-footed Booby
Weißbauchtölpel	Sula leucogaster	Brown Booby
Rotfußtölpel	Sula sula	Red-footed Booby

Phalacrocoracidae

| Olivenscharbe | Phalacrocorax brasilianus | Neotropic Cormorant |

Anhingidae

| Amerikanischer Schlangenhalsvogel | Anhinga anhinga | Anhinga |

Pelecanidae

| Nashornpelikan | Pelecanus erythrorhynchos | American White Pelican |
| Braunpelikan | Pelecanus occidentalis | Brown Pelican |

Ardeidae

Südamerikanische Rohrdommel	Botaurus pinnatus	Pinnated Bittern
Nordamerikanische Rohrdommel	Botaurus lentiginosus	American Bittern
Amerikanische Zwergdommel	Ixobrychus exilis	Least Bittern
Marmorreiher	Tigrisoma lineatum	Rufescent Tiger-Heron
Streifenreiher	Tigrisoma fasciatum	Fasciated Tiger-Heron

Nacktkehlreiher	Tigrisoma mexicanum	Bare-throated Tiger-Heron
Kanadareiher	Ardea herodias	Great Blue Heron
Silberreiher	Ardea alba	Great Egret
Schmuckreiher	Egretta thula	Snowy Egret
Blaureiher	Egretta caerulea	Little Blue Heron
Dreifarbenreiher	Egretta tricolor	Tricolored Heron
Rötelreiher	Egretta rufescens	Reddish Egret
Kuhreiher	Bubulcus ibis	Cattle Egret
Grünreiher	Butorides virescens	Green Heron
Mangrovereiher	Butorides striata	Striated Heron
Speerreiher	Agamia agami	Agami Heron
Pfeifreiher	Syrigma sibilatrix	Whistling Heron
Nachtreiher	Nycticorax nycticorax	Black-crowned Night-Heron
Krabbenreiher	Nyctanassa violacea	Yellow-crowned Night-Heron
Kahnschnabel	Cochlearius cochlearius	Boat-billed Heron

Threskiornithidae

Schneesichler	Eudocimus albus	White Ibis
Sichler	Plegadis falcinellus	Glossy Ibis
Brillensichler	Plegadis chihi	White-faced Ibis
Grünibis	Mesembrinibis cayennensis	Green Ibis
Rosalöffler	Platalea ajaja	Roseate Spoonbill

Cathartidae

Rabengeier	Coragyps atratus	Black Vulture
Truthahngeier	Cathartes aura	Turkey Vulture
Kleiner Gelbkopfgeier	Cathartes burrovianus	Lesser Yellow-headed Vulture
Königsgeier	Sarcoramphus papa	King Vulture

Pandionidae

Fischadler	Pandion haliaetus	Osprey

Accipitridae

Perlaar	Gampsonyx swainsonii	Pearl Kite
Weißschwanzaar	Elanus leucurus	White-tailed Kite
Langschnabelweih	Chondrohierax uncinatus	Hook-billed Kite
Cayenneweih	Leptodon cayanensis	Gray-headed Kite
Schwalbenweih	Elanoides forficatus	Swallow-tailed Kite
Würgadler	Morphnus guianensis	Crested Eagle
Harpyie	Harpia harpyja	Harpy Eagle
Tyrannenadler	Spizaetus tyrannus	Black Hawk-Eagle

Prachtadler	Spizaetus ornatus	Ornate Hawk-Eagle
Elsteradler	Spizaetus melanoleucus	Black-and-white Hawk-Eagle
Fischbussard	Busarellus nigricollis	Black-collared Hawk
Schneckenweih	Rostrhamus sociabilis	Snail Kite
Doppelzahnweih	Harpagus bidentatus	Double-toothed Kite
Mississippiweih	Ictinia mississippiensis	Mississippi Kite
Schwebeweih	Ictinia plumbea	Plumbeous Kite
Kornweihe	Circus cyaneus	Northern Harrier
Graubauchhabicht	Accipiter poliogaster	Gray-bellied Hawk
Däumlingssperber	Accipiter superciliosus	Tiny Hawk
Eckschwanzsperber	Accipiter striatus	Sharp-shinned Hawk
Rundschwanzsperber	Accipiter cooperii	Cooper's Hawk
Zweifarbsperber	Accipiter bicolor	Bicolored Hawk
Sperberweih	Geranospiza caerulescens	Crane Hawk
Krabbenbussard	Buteogallus anthracinus	Common Black Hawk
Savannenbussard	Buteogallus meridionalis	Savanna Hawk
Schwarzbussard	Buteogallus urubitinga	Great Black Hawk
Einsiedleradler	Buteogallus solitarius	Solitary Eagle
Prinzenbussard	Morphnarchus princeps	Barred Hawk
Wegebussard	Rupornis magnirostris	Roadside Hawk
Wüstenbussard	Parabuteo unicinctus	Harris's Hawk
Weißschwanzbussard	Geranoaetus albicaudatus	White-tailed Hawk
Schneebussard	Pseudastur albicollis	White Hawk
Möwenbussard	Leucopternis semiplumbeus	Semiplumbeous Hawk
Graubussard	Buteo plagiatus	Gray Hawk
Zweibindenbussard	Buteo nitidus	Gray-lined Hawk
Breitflügelbussard	Buteo platypterus	Broad-winged Hawk
Kurzschwanzbussard	Buteo brachyurus	Short-tailed Hawk
Präriebussard	Buteo swainsoni	Swainson's Hawk
Mohrenbussard	Buteo albonotatus	Zone-tailed Hawk
Rotschwanzbussard	Buteo jamaicensis	Red-tailed Hawk

Eurypygidae

Sonnenralle	Eurypyga helias	Sunbittern

Rallidae

Schomburgkralle	Micropygia schomburgkii	Ocellated Crake
Gelbbrust-Sumpfhuhn	Hapalocrex flaviventer	Yellow-breasted Crake
Rubinralle	Laterallus ruber	Ruddy Crake
Weißkehlralle	Laterallus albigularis	White-throated Crake
Amazonasralle	Laterallus exilis	Gray-breasted Crake

Schieferralle	Laterallus jamaicensis	Black Rail
Mangroveralle	Rallus longirostris	Mangrove Rail
Klapperralle	Rallus crepitans	Clapper Rail
Braunkappenralle	Aramides axillaris	Rufous-necked Wood-Rail
Yucatan-Graunackenralle	Aramides albiventris	Russet-naped Wood-Rail
Cayenneralle	Aramides cajaneus	Gray-cowled Wood-Rail
Einfarbralle	Amaurolimnas concolor	Uniform Crake
Carolinasumpfhuhn	Porzana carolina	Sora
Kolumbiensumpfhuhn	Mustelirallus colombianus	Colombian Crake
Goldschnabel-Sumpfhuhn	Mustelirallus erythrops	Paint-billed Crake
Fleckenralle	Pardirallus maculatus	Spotted Rail
Zwergsultanshuhn	Porphyrio martinicus	Purple Gallinule
Amerikateichhuhn	Gallinula galeata	Common Gallinule
Amerikanisches Blässhuhn	Fulica americana	American Coot

Heliornithidae

Zwergbinsenralle	Heliornis fulica	Sungrebe

Aramidae

Rallenkranich	Aramus guarauna	Limpkin

Burhinidae

Dominikanertriel	Burhinus bistriatus	Double-striped Thick-knee

Recurvirostridae

Schwarznacken-Stelzenläufer	Himantopus mexicanus	Black-necked Stilt
Braunhals-Säbelschnäbler	Recurvirostra americana	American Avocet

Haematopodidae

Braunmantel-Austernfischer	Haematopus palliatus	American Oystercatcher

Charadriidae

Kiebitzregenpfeifer	Pluvialis squatarola	Black-bellied Plover
Prärie-Goldregenpfeifer	Pluvialis dominica	American Golden-Plover
Tundra-Goldregenpfeifer	Pluvialis fulva	Pacific Golden-Plover
Bronzekiebitz	Vanellus chilensis	Southern Lapwing
Schlankschnabel-Regenpfeifer	Charadrius collaris	Collared Plover
Amerika-Seeregenpfeifer	Charadrius nivosus	Snowy Plover
Wilsonregenpfeifer	Charadrius wilsonia	Wilson's Plover
Amerikanischer Sandregenpfeifer	Charadrius semipalmatus	Semipalmated Plover
Flötenregenpfeifer	Charadrius melodus	Piping Plover

Keilschwanz-Regenpfeifer	Charadrius vociferus	Killdeer

Jacanidae
Gelbstirn-Blatthühnchen	Jacana spinosa	Northern Jacana
Rotstirn-Blatthühnchen	Jacana jacana	Wattled Jacana

Scolopacidae
Prärieläufer	Bartramia longicauda	Upland Sandpiper
Eskimobrachvogel	Numenius borealis	Eskimo Curlew
Regenbrachvogel	Numenius phaeopus	Whimbrel
Rostbrachvogel	Numenius americanus	Long-billed Curlew
Hudsonschnepfe	Limosa haemastica	Hudsonian Godwit
Marmorschnepfe	Limosa fedoa	Marbled Godwit
Steinwälzer	Arenaria interpres	Ruddy Turnstone
Knutt	Calidris canutus	Red Knot
Gischtläufer	Calidris virgata	Surfbird
Kampfläufer	Calidris pugnax	Ruff
Bindenstrandläufer	Calidris himantopus	Stilt Sandpiper
Sichelstrandläufer	Calidris ferruginea	Curlew Sandpiper
Sanderling	Calidris alba	Sanderling
Alpenstrandläufer	Calidris alpina	Dunlin
Bairdstrandläufer	Calidris bairdii	Baird's Sandpiper
Wiesenstrandläufer	Calidris minutilla	Least Sandpiper
Weißbürzel-Strandläufer	Calidris fuscicollis	White-rumped Sandpiper
Grasläufer	Calidris subruficollis	Buff-breasted Sandpiper
Graubrust-Strandläufer	Calidris melanotos	Pectoral Sandpiper
Sandstrandläufer	Calidris pusilla	Semipalmated Sandpiper
Bergstrandläufer	Calidris mauri	Western Sandpiper
Kleiner Schlammläufer	Limnodromus griseus	Short-billed Dowitcher
Großer Schlammläufer	Limnodromus scolopaceus	Long-billed Dowitcher
Wilsonbekassine	Gallinago delicata	Wilson's Snipe
Wilsonwassertreter	Phalaropus tricolor	Wilson's Phalarope
Odinshühnchen	Phalaropus lobatus	Red-necked Phalarope
Thorshühnchen	Phalaropus fulicarius	Red Phalarope
Drosseluferläufer	Actitis macularius	Spotted Sandpiper
Einsamer Wasserläufer	Tringa solitaria	Solitary Sandpiper
Wanderwasserläufer	Tringa incana	Wandering Tattler
Großer Gelbschenkel	Tringa melanoleuca	Greater Yellowlegs
Schlammtreter	Tringa semipalmata	Willet
Kleiner Gelbschenkel	Tringa flavipes	Lesser Yellowlegs

Stercorariidae

Antarktikskua	Stercorarius maccormicki	South Polar Skua
Spatelraubmöwe	Stercorarius pomarinus	Pomarine Jaeger
Schmarotzerraubmöwe	Stercorarius parasiticus	Parasitic Jaeger
Falkenraubmöwe	Stercorarius longicaudus	Long-tailed Jaeger

Laridae

Gabelschwanzmöwe	Creagrus furcatus	Swallow-tailed Gull
Dreizehenmöwe	Rissa tridactyla	Black-legged Kittiwake
Schwalbenmöwe	Xema sabini	Sabine's Gull
Bonapartemöwe	Chroicocephalus philadelphia	Bonaparte's Gull
Graukopfmöwe	Chroicocephalus cirrocephalus	Gray-hooded Gull
Graumöwe	Leucophaeus modestus	Gray Gull
Aztekenmöwe	Leucophaeus atricilla	Laughing Gull
Präriemöwe	Leucophaeus pipixcan	Franklin's Gull
Heermannmöwe	Larus heermanni	Heermann's Gull
Ringschnabelmöwe	Larus delawarensis	Ring-billed Gull
Westmöwe	Larus occidentalis	Western Gull
Kaliforniermöwe	Larus californicus	California Gull
Silbermöwe	Larus argentatus	Herring Gull
Dominikanermöwe	Larus dominicanus	Kelp Gull
Noddi	Anous stolidus	Brown Noddy
Weißkopfnoddi	Anous minutus	Black Noddy
Feenseeschwalbe	Gygis alba	White Tern
Rußseeschwalbe	Onychoprion fuscatus	Sooty Tern
Zügelseeschwalbe	Onychoprion anaethetus	Bridled Tern
Antillen-Zwergseeschwalbe	Sternula antillarum	Least Tern
Großschnabel-Seeschwalbe	Phaetusa simplex	Large-billed Tern
Lachseeschwalbe	Gelochelidon nilotica	Gull-billed Tern
Raubseeschwalbe	Hydroprogne caspia	Caspian Tern
Inkaseeschwalbe	Larosterna inca	Inca Tern
Trauerseeschwalbe	Chlidonias niger	Black Tern
Flußseeschwalbe	Sterna hirundo	Common Tern
Küstenseeschwalbe	Sterna paradisaea	Arctic Tern
Forsterseeschwalbe	Sterna forsteri	Forster's Tern
Königsseeschwalbe	Thalasseus maximus	Royal Tern
Brandseeschwalbe	Thalasseus sandvicensis	Sandwich Tern
Schmuckseeschwalbe	Thalasseus elegans	Elegant Tern
Amerikanischer Scherenschnabel	Rynchops niger	Black Skimmer

Columbidae

Felsentaube	Columba livia	Rock Pigeon
Rotrückentaube	Patagioenas cayennensis	Pale-vented Pigeon
Schuppenbauchtaube	Patagioenas speciosa	Scaled Pigeon
Weißscheiteltaube	Patagioenas leucocephala	White-crowned Pigeon
Rotschnabeltaube	Patagioenas flavirostris	Red-billed Pigeon
Nördliche Bandtaube	Patagioenas fasciata	Band-tailed Pigeon
Purpurtaube	Patagioenas subvinacea	Ruddy Pigeon
Kurzschnabeltaube	Patagioenas nigrirostris	Short-billed Pigeon
Türkentaube	Streptopelia decaocto	Eurasian Collared-Dove
Inkatäubchen	Columbina inca	Inca Dove
Sperlingstäubchen	Columbina passerina	Common Ground-Dove
Zwergtäubchen	Columbina minuta	Plain-breasted Ground-Dove
Rosttäubchen	Columbina talpacoti	Ruddy Ground-Dove
Schmucktäubchen	Claravis pretiosa	Blue Ground-Dove
Mondetourtäubchen	Claravis mondetoura	Maroon-chested Ground-Dove
Bergtaube	Geotrygon montana	Ruddy Quail-Dove
Bischofstaube	Geotrygon violacea	Violaceous Quail-Dove
Veraguataube	Leptotrygon veraguensis	Olive-backed Quail-Dove
Blauringtaube	Leptotila verreauxi	White-tipped Dove
Cassintaube	Leptotila cassinii	Gray-chested Dove
Graukopftaube	Leptotila plumbeiceps	Gray-headed Dove
Costa-Rica-Taube	Zentrygon costaricensis	Buff-fronted Quail-Dove
Purpurrückentaube	Zentrygon lawrencii	Purplish-backed Quail-Dove
Chiriquitaube	Zentrygon chiriquensis	Chiriqui Quail-Dove
Weißflügeltaube	Zenaida asiatica	White-winged Dove
Carolinataube	Zenaida macroura	Mourning Dove

Cuculidae

Riesenani	Crotophaga major	Greater Ani
Glattschnabelani	Crotophaga ani	Smooth-billed Ani
Riefenschnabelani	Crotophaga sulcirostris	Groove-billed Ani
Streifenkuckuck	Tapera naevia	Striped Cuckoo
Fasanenkuckuck	Dromococcyx phasianellus	Pheasant Cuckoo
Drosselkuckuck	Morococcyx erythropygus	Lesser Ground-Cuckoo
Geoffroygrundkuckuck	Neomorphus geoffroyi	Rufous-vented Ground-Cuckoo
Eichhornkuckuck	Piaya cayana	Squirrel Cuckoo
Gelbschnabelkuckuck	Coccyzus americanus	Yellow-billed Cuckoo
Mangrovekuckuck	Coccyzus minor	Mangrove Cuckoo
Cocoskuckuck	Coccyzus ferrugineus	Cocos Cuckoo
Schwarzschnabelkuckuck	Coccyzus erythropthalmus	Black-billed Cuckoo

Tytonidae

Schleiereule	Tyto alba	Barn Owl

Strigidae

Mangrovekreischeule	Megascops cooperi	Pacific Screech-Owl
Cholibakreischeule	Megascops choliba	Tropical Screech-Owl
Rotgesicht-Kreischeule	Megascops guatemalae	Vermiculated Screech-Owl
Nacktbein-Kreischeule	Megascops clarkii	Bare-shanked Screech-Owl
Haubenkauz	Lophostrix cristata	Crested Owl
Brillenkauz	Pulsatrix perspicillata	Spectacled Owl
Virginiauhu	Bubo virginianus	Great Horned Owl
Costa-Rica-Zwergkauz	Glaucidium costaricanum	Costa Rican Pygmy-Owl
Graukopf-Zwergkauz	Glaucidium griseiceps	Central American Pygmy-Owl
Brasilzwergkauz	Glaucidium brasilianum	Ferruginous Pygmy-Owl
Kaninchenkauz	Athene cunicularia	Burrowing Owl
Sprenkelkauz	Ciccaba virgata	Mottled Owl
Bindenhalskauz	Ciccaba nigrolineata	Black-and-white Owl
Sumpfohreule	Asio flammeus	Short-eared Owl
Schreieule	Pseudoscops clamator	Striped Owl
Ridgwaykauz	Aegolius ridgwayi	Unspotted Saw-whet Owl

Caprimulgidae

Texasnachtschwalbe	Chordeiles acutipennis	Lesser Nighthawk
Falkennachtschwalbe	Chordeiles minor	Common Nighthawk
Bändernachtschwalbe	Lurocalis semitorquatus	Short-tailed Nighthawk
Pauraquenachtschwalbe	Nyctidromus albicollis	Common Pauraque
Weißschwanz-Nachtschwalbe	Hydropsalis cayennensis	White-tailed Nightjar
Augennachtschwalbe	Nyctiphrynus ocellatus	Ocellated Poorwill
Carolinanachtschwalbe	Antrostomus carolinensis	Chuck-will's-widow
Rostnachtschwalbe	Antrostomus rufus	Rufous Nightjar
Schwarzkehl-Nachtschwalbe	Antrostomus vociferus	Eastern Whip-poor-will
Bergnachtschwalbe	Antrostomus saturatus	Dusky Nightjar

Nyctibiidae

Riesentagschläfer	Nyctibius grandis	Great Potoo
Urutau-Tagschläfer	Nyctibius griseus	Common Potoo
Mexikotagschläfer	Nyctibius jamaicensis	Northern Potoo

Steatornithidae

Fettschwalm	Steatornis caripensis	Oilbird

Apodidae

Schwarzsegler	Cypseloides niger	Black Swift
Weißkinnsegler	Cypseloides cryptus	White-chinned Swift
Diademsegler	Cypseloides cherriei	Spot-fronted Swift
Rothalssegler	Streptoprocne rutila	Chestnut-collared Swift
Halsbandsegler	Streptoprocne zonaris	White-collared Swift
Schornsteinsegler	Chaetura pelagica	Chimney Swift
Graubauchsegler	Chaetura vauxi	Vaux's Swift
Costa-Rica-Dornensegler	Chaetura fumosa	Costa Rican Swift
Graubürzelsegler	Chaetura cinereiventris	Gray-rumped Swift
Kleiner Schwalbensegler	Panyptila cayennensis	Lesser Swallow-tailed Swift
Großer Schwalbensegler	Panyptila sanctihieronymi	Great Swallow-tailed Swift

Trochilidae

Weißnackenkolibri	Florisuga mellivora	White-necked Jacobin
Weißkehl-Sichelschnabel	Eutoxeres aquila	White-tipped Sicklebill
Kupferschattenkolibri	Glaucis aeneus	Bronzy Hermit
Weißbinden-Schattenkolibri	Threnetes ruckeri	Band-tailed Barbthroat
Grüner Schattenkolibri	Phaethornis guy	Green Hermit
Westl. Langschwanz-Schattenkolibri	Phaethornis longirostris	Long-billed Hermit
Streifenkehl-Schattenkolibri	Phaethornis striigularis	Stripe-throated Hermit
Grünstirn-Lanzettschnabel	Doryfera ludovicae	Green-fronted Lancebill
Brauner Veilchenohrkolibri	Colibri delphinae	Brown Violetear
Kleiner Veilchenohrkolibri	Colibri thalassinus	Mexican Violetear
Ekuador-Veilchenohrkolibri	Colibri cyanotus	Lesser Violetear
Purpurkron-Schmuckkolibri	Heliothryx barroti	Purple-crowned Fairy
Grünbrust-Mangokolibri	Anthracothorax prevostii	Green-breasted Mango
Veragua-Mangokolibri	Anthracothorax veraguensis	Veraguan Mango
Grüne Fadenelfe	Discosura conversii	Green Thorntail
Zierelfe	Lophornis delattrei	Rufous-crested Coquette
Schwarzschopfelfe	Lophornis helenae	Black-crested Coquette
Weißschopfelfe	Lophornis adorabilis	White-crested Coquette
Grünstirn-Brillantkolibri	Heliodoxa jacula	Green-crowned Brilliant
Violettkron-Brillantkolibri	Eugenes fulgens	Magnificent Hummingbird
Rosenkehlkolibri	Heliomaster longirostris	Long-billed Starthroat
Funkenkehlkolibri	Heliomaster constantii	Plain-capped Starthroat
Feuerkehlkolibri	Panterpe insignis	Fiery-throated Hummingbird
Veilchenkehlnymphe	Lampornis hemileucus	White-bellied Mountain-gem
Purpurkehlnymphe	Lampornis calolaemus	Purple-throated Mountain-gem
Weißkehlnymphe	Lampornis castaneoventris	White-throated Mountain-gem

...olettkehl-Sternkolibri	Calliphlox bryantae	Magenta-throated Woodstar
...ubinkehlkolibri	Archilochus colubris	Ruby-throated Hummingbird
...ulkanelfe	Selasphorus flammula	Volcano Hummingbird
...rangekehlelfe	Selasphorus scintilla	Scintillant Hummingbird
...abelschwanz-Smaragdkolibri	Chlorostilbon canivetii	Canivet's Emerald
...artensmaragdkolibri	Chlorostilbon assimilis	Garden Emerald
...olettkopfkolibri	Klais guimeti	Violet-headed Hummingbird
...chuppenbrustkolibri	Phaeochroa cuvierii	Scaly-breasted Hummingbird
...olettdegenflügel	Campylopterus hemileucurus	Violet Sabrewing
...ronzeschwanz-Buffonkolibri	Chalybura urochrysia	Bronze-tailed Plumeleteer
...olettkronennymphe	Thalurania colombica	Crowned Woodnymph
...reifenschwanzkolibri	Eupherusa eximia	Stripe-tailed Hummingbird
...chwarzbauchkolibri	Eupherusa nigriventris	Black-bellied Hummingbird
...rüner Elvirakolibri	Elvira chionura	White-tailed Emerald
...ronzekopf-Elvirakolibri	Elvira cupreiceps	Coppery-headed Emerald
...chneekappenkolibri	Microchera albocoronata	Snowcap
...ronzekopfamazilie	Amazilia candida	White-bellied Emerald
...aubrustamazilie	Amazilia amabilis	Blue-chested Hummingbird
...chmuckamazilie	Amazilia decora	Charming Hummingbird
...angrovenamazilie	Amazilia boucardi	Mangrove Hummingbird
...auschwanzamazilie	Amazilia cyanura	Blue-tailed Hummingbird
...ahlgrüne Amazilie	Amazilia saucerottei	Steely-vented Hummingbird
...aukappenamazilie	Amazilia cyanifrons	Indigo-capped Hummingbird
...dwardamazilie	Amazilia edward	Snowy-bellied Hummingbird
...raunschwanzamazilie	Amazilia tzacatl	Rufous-tailed Hummingbird
...imtbauchamazilie	Amazilia rutila	Cinnamon Hummingbird
...aukehlkolibri	Lepidopyga coeruleogularis	Sapphire-throated Hummingbird
...oldschwanz-Saphirkolibri	Hylocharis eliciae	Blue-throated Goldentail

...rogonidae

...uetzal	Pharomachrus mocinno	Resplendent Quetzal
...perberschwanztrogon	Trogon clathratus	Lattice-tailed Trogon
...chieferschwanztrogon	Trogon massena	Slaty-tailed Trogon
...chwarzkopftrogon	Trogon melanocephalus	Black-headed Trogon
...airdtrogon	Trogon bairdii	Baird's Trogon
...oulds Trogon	Trogon caligatus	Gartered Trogon
...chwarzkehltrogon	Trogon rufus	Black-throated Trogon
...chmucktrogon	Trogon elegans	Elegant Trogon
...oldbauchtrogon	Trogon aurantiiventris	Orange-bellied Trogon
...ungferntrogon	Trogon collaris	Collared Trogon

Momotidae

Zwergmotmot	Hylomanes momotula	Tody Motmot
Diademmotmot	Momotus lessonii	Lesson's Motmot
Zimtbrustmotmot	Baryphthengus martii	Rufous Motmot
Kielschnabelmotmot	Electron carinatum	Keel-billed Motmot
Plattschnabelmotmot	Electron platyrhynchum	Broad-billed Motmot
Brauenmotmot	Eumomota superciliosa	Turquoise-browed Motmot

Alcedinidae

Rotbrustfischer	Megaceryle torquata	Ringed Kingfisher
Gürtelfischer	Megaceryle alcyon	Belted Kingfisher
Amazonasfischer	Chloroceryle amazona	Amazon Kingfisher
Grünfischer	Chloroceryle americana	Green Kingfisher
Zweifarbenfischer	Chloroceryle inda	Green-and-rufous Kingfisher
Erzfischer	Chloroceryle aenea	American Pygmy Kingfisher

Bucconidae

Weißstirn-Faulvogel	Notharchus hyperrhynchus	White-necked Puffbird
Süd-Elsterfaulvogel	Notharchus tectus	Pied Puffbird
Weißzügel-Faulvogel	Malacoptila panamensis	White-whiskered Puffbird
Streifenfaulvogel	Micromonacha lanceolata	Lanceolated Monklet
Weißstirntrappist	Monasa morphoeus	White-fronted Nunbird

Galbulidae

| Rotschwanz-Glanzvogel | Galbula ruficauda | Rufous-tailed Jacamar |
| Riesenglanzvogel | Jacamerops aureus | Great Jacamar |

Capitonidae

| Andenbartvogel | Eubucco bourcierii | Red-headed Barbet |

Semnornithidae

| Aztekenbartvogel | Semnornis frantzii | Prong-billed Barbet |

Ramphastidae

Laucharassari	Aulacorhynchus prasinus	Emerald Toucanet
Halsbandarassari	Pteroglossus torquatus	Collared Aracari
Feuerschnabelarassari	Pteroglossus frantzii	Fiery-billed Aracari
Gelbohrarassari	Selenidera spectabilis	Yellow-eared Toucanet
Goldkehltukan	Ramphastos ambiguus	Yellow-throated Toucan
Fischertukan	Ramphastos sulfuratus	Keel-billed Toucan

Picidae

Olivrücken-Zwergspecht	Picumnus olivaceus	Olivaceous Piculet
Eichelspecht	Melanerpes formicivorus	Acorn Woodpecker
Buntkopfspecht	Melanerpes chrysauchen	Golden-naped Woodpecker
Schläfenfleckspecht	Melanerpes pucherani	Black-cheeked Woodpecker
Rotkappenspecht	Melanerpes rubricapillus	Red-crowned Woodpecker
Hoffmannspecht	Melanerpes hoffmannii	Hoffmann's Woodpecker
Gelbbauch-Saftlecker	Sphyrapicus varius	Yellow-bellied Sapsucker
Rußspecht	Picoides fumigatus	Smoky-brown Woodpecker
Haarspecht	Picoides villosus	Hairy Woodpecker
Blutbürzelspecht	Veniliornis kirkii	Red-rumped Woodpecker
Zimtflügelspecht	Piculus simplex	Rufous-winged Woodpecker
Olivmantelspecht	Colaptes rubiginosus	Golden-olive Woodpecker
Rotkehlspecht	Celeus loricatus	Cinnamon Woodpecker
Kastanienspecht	Celeus castaneus	Chestnut-colored Woodpecker
Linienspecht	Dryocopus lineatus	Lineated Woodpecker
Königspecht	Campephilus guatemalensis	Pale-billed Woodpecker

Falconidae

Sperberwaldfalke	Micrastur ruficollis	Barred Forest-Falcon
Graurücken-Waldfalke	Micrastur mirandollei	Slaty-backed Forest-Falcon
Kappenwaldfalke	Micrastur semitorquatus	Collared Forest-Falcon
Rotkehlkarakara	Ibycter americanus	Red-throated Caracara
Nordkarakara	Caracara cheriway	Crested Caracara
Gelbkopfkarakara	Milvago chimachima	Yellow-headed Caracara
Lachfalke	Herpetotheres cachinnans	Laughing Falcon
Buntfalke	Falco sparverius	American Kestrel
Merlin	Falco columbarius	Merlin
Aplomadofalke	Falco femoralis	Aplomado Falcon
Fledermausfalke	Falco rufigularis	Bat Falcon
Rotbrustfalke	Falco deiroleucus	Orange-breasted Falcon
Wanderfalke	Falco peregrinus	Peregrine Falcon

Psittacidae

Costa-Rica-Papagei	Touit costaricensis	Red-fronted Parrotlet
Katharinasittich	Bolborhynchus lineola	Barred Parakeet
Tovisittich	Brotogeris jugularis	Orange-chinned Parakeet
Grauwangenpapagei	Pyrilia haematotis	Brown-hooded Parrot
Schwarzohrpapagei	Pionus menstruus	Blue-headed Parrot
Glatzenkopfpapagei	Pionus senilis	White-crowned Parrot
Rotstirnamazone	Amazona autumnalis	Red-lored Parrot

Gelbnackenamazone	Amazona auropalliata	Yellow-naped Parrot
Weißstirnamazone	Amazona albifrons	White-fronted Parrot
Mülleramazone	Amazona farinosa	Mealy Parrot
Hoffmannsittich	Pyrrhura hoffmanni	Sulphur-winged Parakeet
Jamaikasittich	Eupsittula nana	Olive-throated Parakeet
Elfenbeinsittich	Eupsittula canicularis	Orange-fronted Parakeet
Braunwangensittich	Eupsittula pertinax	Brown-throated Parakeet
Bechsteinara	Ara ambiguus	Great Green Macaw
Scharlachara	Ara macao	Scarlet Macaw
Veraguasittich	Psittacara finschi	Crimson-fronted Parakeet

Thamnophilidae

Rostbürzel-Ameisenfänger	Euchrepomis callinota	Rufous-rumped Antwren
Zebraameisenwürger	Cymbilaimus lineatus	Fasciated Antshrike
Weißbrust-Ameisenwürger	Taraba major	Great Antshrike
Bindenameisenwürger	Thamnophilus doliatus	Barred Antshrike
Westlicher Tropfenameisenwürger	Thamnophilus atrinucha	Black-crowned Antshrike
Kapuzenameisenwürger	Thamnophilus bridgesi	Black-hooded Antshrike
Rostbrauner Ameisenwürger	Thamnistes anabatinus	Russet Antshrike
Olivgrauer Würgerling	Dysithamnus mentalis	Plain Antvireo
Streifenkopfwürgerling	Dysithamnus striaticeps	Streak-crowned Antvireo
Tüpfelscheitelwürgerling	Dysithamnus puncticeps	Spot-crowned Antvireo
Tropfenkehl-Ameisenschlüpfer	Epinecrophylla fulviventris	Checker-throated Antwren
Weißflanken-Ameisenschlüpfer	Myrmotherula axillaris	White-flanked Antwren
Hochland-Ameisenschlüpfer	Myrmotherula schisticolor	Slaty Antwren
Tropfenflügel-Ameisenfänger	Microrhopias quixensis	Dot-winged Antwren
Dunkelgrauer Ameisenfänger	Cercomacroides tyrannina	Dusky Antbird
Nacktstirn-Ameisenvogel	Gymnocichla nudiceps	Bare-crowned Antbird
Braunrücken-Ameisenvogel	Poliocrania exsul	Chestnut-backed Antbird
Grauscheitel-Ameisenvogel	Sipia laemosticta	Dull-mantled Antbird
Westlicher Schwarzer Ameisenvogel	Hafferia zeledoni	Zeledon's Antbird
Weißohrameisenvogel	Gymnopithys bicolor	Bicolored Antbird
Rotmantel-Ameisenwächter	Hylophylax naevioides	Spotted Antbird
Halsband-Ameisenvogel	Phaenostictus mcleannani	Ocellated Antbird

Conopophagidae

| Schwarzscheitel-Ameisenpitta | Pittasoma michleri | Black-crowned Antpitta |

Grallariidae

| Kleine Bartameisenpitta | Grallaria guatimalensis | Scaled Antpitta |
| Westliche Brillenameisenpitta | Hylopezus perspicillatus | Streak-chested Antpitta |

Orangeflanken-Ameisenpitta	Hylopezus dives	Thicket Antpitta
Ockerbrust-Ameisenpitta	Grallaricula flavirostris	Ochre-breasted Antpitta

Rhinocryptidae

Silberbrauentapaculo	Scytalopus argentifrons	Silvery-fronted Tapaculo

Formicariidae

Schwarzkehl-Ameisendrossel	Formicarius analis	Black-faced Antthrush
Schwarzkopf-Ameisendrossel	Formicarius nigricapillus	Black-headed Antthrush
Rostbrust-Ameisendrossel	Formicarius rufipectus	Rufous-breasted Antthrush

Furnariidae

Rostkehl-Laubwender	Sclerurus mexicanus	Tawny-throated Leaftosser
Fleckenbrust-Laubwender	Sclerurus guatemalensis	Scaly-throated Leaftosser
Graukehl-Laubwender	Sclerurus albigularis	Gray-throated Leaftosser
Dünnschnabel-Baumsteiger	Sittasomus griseicapillus	Olivaceous Woodcreeper
Langschwanz-Baumsteiger	Deconychura longicauda	Long-tailed Woodcreeper
Rostkappen-Baumsteiger	Dendrocincla homochroa	Ruddy Woodcreeper
Lohschwingen-Baumsteiger	Dendrocincla anabatina	Tawny-winged Woodcreeper
Grauwangen-Baumsteiger	Dendrocincla fuliginosa	Plain-brown Woodcreeper
Keilschnabel-Baumsteiger	Glyphorynchus spirurus	Wedge-billed Woodcreeper
Nördlicher Bindenbaumsteiger	Dendrocolaptes sanctithomae	Northern Barred-Woodcreeper
Dunkelschnabel-Baumsteiger	Dendrocolaptes picumnus	Black-banded Woodcreeper
Strichelkopf-Baumsteiger	Xiphocolaptes promeropirhynchus	Strong-billed Woodcreeper
Kleiner Fahlkehl-Baumsteiger	Xiphorhynchus susurrans	Cocoa Woodcreeper
Strichelbaumsteiger	Xiphorhynchus flavigaster	Ivory-billed Woodcreeper
Schwarzrücken-Baumsteiger	Xiphorhynchus lachrymosus	Black-striped Woodcreeper
Olivkappen-Baumsteiger	Xiphorhynchus erythropygius	Spotted Woodcreeper
Brauner Sensenschnabel	Campylorhamphus pusillus	Brown-billed Scythebill
Lanzettstrichel-Baumsteiger	Lepidocolaptes souleyetii	Streak-headed Woodcreeper
Perlkappen-Baumsteiger	Lepidocolaptes affinis	Spot-crowned Woodcreeper
Braunbauch-Baumspäher	Xenops minutus	Plain Xenops
Strichelscheitel-Baumspäher	Xenops rutilans	Streaked Xenops
Fahlwangen-Astspäher	Pseudocolaptes lawrencii	Buffy Tuftedcheek
Ockerstirn-Blattspäher	Philydor rufum	Buff-fronted Foliage-gleaner
Ockerbrillen-Blattspäher	Anabacerthia variegaticeps	Scaly-throated Foliage-gleaner
Streifenblattspäher	Syndactyla subalaris	Lineated Foliage-gleaner
Zimtkehl-Baumspäher	Clibanornis rubiginosus	Ruddy Foliage-gleaner
Ockerkehl-Baumspäher	Thripadectes rufobrunneus	Streak-breasted Treehunter
Fahlkehl-Baumspäher	Automolus ochrolaemus	Buff-throated Foliage-gleaner
Strichelrücken-Waldspäher	Automolus subulatus	Striped Woodhaunter

Westlicher Fleckenstachelschwanz	Premnoplex brunnescens	Spotted Barbtail
Rostbrust-Stachelschwanz	Margarornis rubiginosus	Ruddy Treerunner
Rotgesicht-Baumschlüpfer	Cranioleuca erythrops	Red-faced Spinetail
Weißbauch-Dickichtschlüpfer	Synallaxis albescens	Pale-breasted Spinetail
Graurücken-Dickichtschlüpfer	Synallaxis brachyura	Slaty Spinetail

Tyrannidae

Gelbbauch-Kleintyrann	Ornithion semiflavum	Yellow-bellied Tyrannulet
Braunkappen-Kleintyrann	Ornithion brunneicapillus	Brown-capped Tyrannulet
Nördlicher Blasskleintyrann	Camptostoma imberbe	Northern Beardless-Tyrannulet
Südlicher Blasskleintyrann	Camptostoma obsoletum	Southern Beardless-Tyrannulet
Graubraun-Kleintyrann	Phaeomyias murina	Mouse-colored Tyrannulet
Cocos-Insel-Tyrann	Nesotriccus ridgwayi	Cocos Flycatcher
Zitronentyrann	Capsiempis flaveola	Yellow Tyrannulet
Gelbscheitel-Olivtyrann	Tyrannulus elatus	Yellow-crowned Tyrannulet
Grüntyrann	Myiopagis viridicata	Greenish Elaenia
Gelbbauch-Olivtyrann	Elaenia flavogaster	Yellow-bellied Elaenia
Grauwangen-Olivtyrann	Elaenia chiriquensis	Lesser Elaenia
Nordanden-Olivtyrann	Elaenia frantzii	Mountain Elaenia
Sturzbach-Kleintyrann	Serpophaga cinerea	Torrent Tyrannulet
Olivkopf-Pipratyrann	Mionectes olivaceus	Olive-striped Flycatcher
Ockerbauch-Pipratyrann	Mionectes oleagineus	Ochre-bellied Flycatcher
Braunkappen-Laubtyrann	Leptopogon amaurocephalus	Sepia-capped Flycatcher
Schieferkappen-Laubtyrann	Leptopogon superciliaris	Slaty-capped Flycatcher
Weißwangen-Laubtyrann	Phylloscartes superciliaris	Rufous-browed Tyrannulet
Burmeisterkleintyrann	Phyllomyias burmeisteri	Rough-legged Tyrannulet
Weißstreif-Kleintyrann	Zimmerius vilissimus	Paltry Tyrannulet
Nördlicher Strauchtyrann	Sublegatus arenarum	Northern Scrub-Flycatcher
Schwarzkappen-Zwergtyrann	Myiornis atricapillus	Black-capped Pygmy-Tyrant
Rot-Schuppenkopftyrann	Lophotriccus pileatus	Scale-crested Pygmy-Tyrant
Graukehl-Krummschnabeltyrann	Oncostoma cinereigulare	Northern Bentbill
Graukopf-Todityrann	Poecilotriccus sylvia	Slate-headed Tody-Flycatcher
Graugelb-Todityrann	Todirostrum cinereum	Common Tody-Flycatcher
Schwarzkopf-Todityrann	Todirostrum nigriceps	Black-headed Tody-Flycatcher
Augenring-Breitschnabeltyrann	Rhynchocyclus brevirostris	Eye-ringed Flatbill
Olivscheitel-Breitschnabeltyrann	Tolmomyias sulphurescens	Yellow-olive Flycatcher
Flügelspiegel-Breitschnabeltyrann	Tolmomyias assimilis	Yellow-margined Flycatcher
Kurzschwanz-Breitschnabeltyrann	Platyrinchus cancrominus	Stub-tailed Spadebill
Gelbscheitel-Breitschnabeltyrann	Platyrinchus mystaceus	White-throated Spadebill
Goldkappen-Breitschnabeltyrann	Platyrinchus coronatus	Golden-crowned Spadebill
Kronentyrann	Onychorhynchus coronatus	Royal Flycatcher

Deutsch	Wissenschaftlich	English
…otschwanztyrann	Terenotriccus erythrurus	Ruddy-tailed Flycatcher
…chwefelbürzel-Borstentyrann	Myiobius sulphureipygius	Sulphur-rumped Flycatcher
…chwarzschwanz-Borstentyrann	Myiobius atricaudus	Black-tailed Flycatcher
…ostschnäppertyrann	Myiophobus fasciatus	Bran-colored Flycatcher
…ckerbrust-Schnäppertyrann	Aphanotriccus capitalis	Tawny-chested Flycatcher
…elbbauch-Schnäppertyrann	Mitrephanes phaeocercus	Tufted Flycatcher
…livflanken-Schnäppertyrann	Contopus cooperi	Olive-sided Flycatcher
…rauerschnäppertyrann	Contopus lugubris	Dark Pewee
…ckergelb-Schnäppertyrann	Contopus ochraceus	Ochraceous Pewee
…Westlicher Waldschnäppertyrann	Contopus sordidulus	Western Wood-Pewee
…stlicher Waldschnäppertyrann	Contopus virens	Eastern Wood-Pewee
…üdlicher Waldschnäppertyrann	Contopus cinereus	Tropical Pewee
…rkenschnäppertyrann	Empidonax flaviventris	Yellow-bellied Flycatcher
…uchenschnäppertyrann	Empidonax virescens	Acadian Flycatcher
…rlenschnäppertyrann	Empidonax alnorum	Alder Flycatcher
…Weidenschnäppertyrann	Empidonax traillii	Willow Flycatcher
…ahlkehl-Schnäppertyrann	Empidonax albigularis	White-throated Flycatcher
…wergschnäppertyrann	Empidonax minimus	Least Flycatcher
…umpfschnäppertyrann	Empidonax flavescens	Yellowish Flycatcher
…chwarzkappen-Schnäppertyrann	Empidonax atriceps	Black-capped Flycatcher
…chwarzkopf-Phoebetyrann	Sayornis nigricans	Black Phoebe
…Weißbauch-Phoebetyrann	Sayornis phoebe	Eastern Phoebe
…ubintyrann	Pyrocephalus rubinus	Vermilion Flycatcher
…Weißkappen-Schleppentyrann	Colonia colonus	Long-tailed Tyrant
…elbbürzel-Attilatyrann	Attila spadiceus	Bright-rumped Attila
…mtschmucktyrann	Rhytipterna holerythra	Rufous Mourner
…chwarzkappen-Schopftyrann	Myiarchus tuberculifer	Dusky-capped Flycatcher
…anamaschopftyrann	Myiarchus panamensis	Panama Flycatcher
…alifornien-Schopftyrann	Myiarchus cinerascens	Ash-throated Flycatcher
…azifischer Schopftyrann	Myiarchus nuttingi	Nutting's Flycatcher
…elbbauch-Schopftyrann	Myiarchus crinitus	Great Crested Flycatcher
…raunschopftyrann	Myiarchus tyrannulus	Brown-crested Flycatcher
…chwefelmaskentyrann	Pitangus sulphuratus	Great Kiskadee
…tarkschnabel-Maskentyrann	Megarynchus pitangua	Boat-billed Flycatcher
…ostschwingen-Maskentyrann	Myiozetetes cayanensis	Rusty-margined Flycatcher
…otscheitel-Maskentyrann	Myiozetetes similis	Social Flycatcher
…raukappen-Maskentyrann	Myiozetetes granadensis	Gray-capped Flycatcher
…Weißnacken-Maskentyrann	Conopias albovittatus	White-ringed Flycatcher
…raunbart-Maskentyrann	Myiodynastes hemichrysus	Golden-bellied Flycatcher
…üdlicher Fleckenmaskentyrann	Myiodynastes maculatus	Streaked Flycatcher
…ördlicher Fleckenmaskentyrann	Myiodynastes luteiventris	Sulphur-bellied Flycatcher

Kurzschnabel-Maskentyrann	Legatus leucophaius	Piratic Flycatcher
Trauerkönigstyrann	Tyrannus melancholicus	Tropical Kingbird
Arkansaskönigstyrann	Tyrannus verticalis	Western Kingbird
Schieferrücken-Königstyrann	Tyrannus tyrannus	Eastern Kingbird
Grauer Königstyrann	Tyrannus dominicensis	Gray Kingbird
Scherenschwanz-Königstyrann	Tyrannus forficatus	Scissor-tailed Flycatcher
Gabelschwanz-Königstyrann	Tyrannus savana	Fork-tailed Flycatcher

Oxyruncidae

Flammenkopf	Oxyruncus cristatus	Sharpbill

Cotingidae

Purpurbrustkotinga	Querula purpurata	Purple-throated Fruitcrow
Nacktkehl-Schirmvogel	Cephalopterus glabricollis	Bare-necked Umbrellabird
Azurkotinga	Cotinga amabilis	Lovely Cotinga
Ridgwaykotinga	Cotinga ridgwayi	Turquoise Cotinga
Zimtrote Piha	Lipaugus unirufus	Rufous Piha
Dreilappenkotinga	Procnias tricarunculatus	Three-wattled Bellbird
Gelbschnabelkotinga	Carpodectes antoniae	Yellow-billed Cotinga
Grauscheitelkotinga	Carpodectes nitidus	Snowy Cotinga

Pipridae

Lanzettschwanzpipra	Chiroxiphia lanceolata	Lance-tailed Manakin
Langschwanzpipra	Chiroxiphia linearis	Long-tailed Manakin
Weißkragenpipra	Corapipo altera	White-ruffed Manakin
Westliche Weißkehlpipra	Corapipo leucorrhoa	White-bibbed Manakin
Blauscheitelpipra	Lepidothrix coronata	Blue-crowned Manakin
Weißbandpipra	Manacus candei	White-collared Manakin
Orangebandpipra	Manacus aurantiacus	Orange-collared Manakin
Weißscheitelpipra	Dixiphia pipra	White-crowned Manakin
Nördliche Gelbhosenpipra	Ceratopipra mentalis	Red-capped Manakin
Graustirnpiprites	Piprites griseiceps	Gray-headed Piprites

Tityridae

Schwarzschnabeltityra	Tityra inquisitor	Black-crowned Tityra
Weißnackentityra	Tityra semifasciata	Masked Tityra
Nördliche Trauerkotinga	Schiffornis veraepacis	Northern Schiffornis
Rötlicher Tropfenflügeltyrann	Laniocera rufescens	Speckled Mourner
Wellenbekarde	Pachyramphus versicolor	Barred Becard
Zimtbekarde	Pachyramphus cinnamomeus	Cinnamon Becard
Weißbindenbekarde	Pachyramphus polychopterus	White-winged Becard

	Pachyramphus albogriseus	Black-and-white Becard
aurückenbekarde		
senkehlbekarde	Pachyramphus aglaiae	Rose-throated Becard

ireonidae

stbrauenvireo	Cyclarhis gujanensis	Rufous-browed Peppershrike
schvireo	Hylophilus flavipes	Scrub Greenlet
maragdvireo	Vireolanius pulchellus	Green Shrike-Vireo
chsscheitelvireo	Tunchiornis ochraceiceps	Tawny-crowned Greenlet
raukappenvireo	Pachysylvia decurtata	Lesser Greenlet
eißaugenvireo	Vireo griseus	White-eyed Vireo
angrovevireo	Vireo pallens	Mangrove Vireo
elbkehlvireo	Vireo flavifrons	Yellow-throated Vireo
elbbindenvireo	Vireo carmioli	Yellow-winged Vireo
raukopfvireo	Vireo solitarius	Blue-headed Vireo
hlichtvireo	Vireo philadelphicus	Philadelphia Vireo
ingervireo	Vireo gilvus	Warbling Vireo
raunkappenvireo	Vireo leucophrys	Brown-capped Vireo
otaugenvireo	Vireo olivaceus	Red-eyed Vireo
tronenflankenvireo	Vireo flavoviridis	Yellow-green Vireo
artvireo	Vireo altiloquus	Black-whiskered Vireo

orvidae

lberhäher	Cyanolyca argentigula	Silvery-throated Jay
laukappenhäher	Cyanolyca cucullata	Azure-hooded Jay
angschwanzhäher	Calocitta formosa	White-throated Magpie-Jay
raunhäher	Psilorhinus morio	Brown Jay
hwarzbrust-Blaurabe	Cyanocorax affinis	Black-chested Jay

irundinidae

hwarzsteißschwalbe	Pygochelidon cyanoleuca	Blue-and-white Swallow
raukehlschwalbe	Stelgidopteryx serripennis	Northern Rough-winged Swallow
mtkehlschwalbe	Stelgidopteryx ruficollis	Southern Rough-winged Swallow
urpurschwalbe	Progne subis	Purple Martin
raubrustschwalbe	Progne chalybea	Gray-breasted Martin
raunbrustschwalbe	Progne tapera	Brown-chested Martin
umpfschwalbe	Tachycineta bicolor	Tree Swallow
angroveschwalbe	Tachycineta albilinea	Mangrove Swallow
eilchenschwalbe	Tachycineta thalassina	Violet-green Swallow
ferschwalbe	Riparia riparia	Bank Swallow
auchschwalbe	Hirundo rustica	Barn Swallow
ahlstirnschwalbe	Petrochelidon pyrrhonota	Cliff Swallow

Höhlenschwalbe	Petrochelidon fulva	Cave Swallow

Troglodytidae

Felsenzaunkönig	Salpinctes obsoletus	Rock Wren
Nachtigallzaunkönig	Microcerculus philomela	Nightingale Wren
Schuppenbrust-Zaunkönig	Microcerculus marginatus	Scaly-breasted Wren
Nördlicher Hauszaunkönig	Troglodytes aedon	House Wren
Fahlstreif-Zaunkönig	Troglodytes ochraceus	Ochraceous Wren
Bergzaunkönig	Thryorchilus browni	Timberline Wren
Seggenzaunkönig	Cistothorus platensis	Sedge Wren
Tigerzaunkönig	Campylorhynchus zonatus	Band-backed Wren
Rotnacken-Zaunkönig	Campylorhynchus rufinucha	Rufous-naped Wren
Bindenbauch-Zaunkönig	Pheugopedius fasciatoventris	Black-bellied Wren
Rotbrust-Zaunkönig	Pheugopedius rutilus	Rufous-breasted Wren
Fleckenbrust-Zaunkönig	Pheugopedius maculipectus	Spot-breasted Wren
Schwarzkehl-Zaunkönig	Pheugopedius atrogularis	Black-throated Wren
Akazienzaunkönig	Thryophilus pleurostictus	Banded Wren
Rotrückenzaunkönig	Thryophilus rufalbus	Rufous-and-white Wren
Streifenbrust-Zaunkönig	Cantorchilus thoracicus	Stripe-breasted Wren
Cabaniszaunkönig	Cantorchilus modestus	Cabanis's Wren
Zeledonzaunkönig	Cantorchilus zeledoni	Canebrake Wren
Panama-Cabaniszaunkönig	Cantorchilus elutus	Isthmian Wren
Uferzaunkönig	Cantorchilus semibadius	Riverside Wren
Kastanienzaunkönig	Cantorchilus nigricapillus	Bay Wren
Waldzaunkönig	Henicorhina leucosticta	White-breasted Wood-Wren
Einsiedlerzaunkönig	Henicorhina leucophrys	Gray-breasted Wood-Wren
Brillenzaunkönig	Cyphorhinus phaeocephalus	Song Wren

Polioptilidae

Graubauch-Degenschnäbler	Microbates cinereiventris	Tawny-faced Gnatwren
Schwarzschwanz-Degenschnäbler	Ramphocaenus melanurus	Long-billed Gnatwren
Weisszügel-Mückenfänger	Polioptila albiloris	White-lored Gnatcatcher
Amazonasmückenfänger	Polioptila plumbea	Tropical Gnatcatcher

Cinclidae

Grauwasseramsel	Cinclus mexicanus	American Dipper

Turdidae

Maskenklarino	Myadestes melanops	Black-faced Solitaire
Graukehl-Musendrossel	Catharus gracilirostris	Black-billed Nightingale-Thrush
Goldschnabel-Musendrossel	Catharus aurantiirostris	Orange-billed Nightingale-Thru

raurücken-Musendrossel	Catharus fuscater	Slaty-backed Nightingale-Thrush
ergmusendrossel	Catharus frantzii	Ruddy-capped Nightingale-Thrush
chwarzkopf-Musendrossel	Catharus mexicanus	Black-headed Nightingale-Thrush
ilsondrossel	Catharus fuscescens	Veery
rauwangendrossel	Catharus minimus	Gray-cheeked Thrush
vergdrossel	Catharus ustulatus	Swainson's Thrush
alddrossel	Hylocichla mustelina	Wood Thrush
ußdrossel	Turdus nigrescens	Sooty Thrush
abanisdrossel	Turdus plebejus	Mountain Thrush
asssteißdrossel	Turdus obsoletus	Pale-vented Thrush
ilbdrossel	Turdus grayi	Clay-colored Thrush
eißkehldrossel	Turdus assimilis	White-throated Thrush

Mimidae

atzenvogel	Dumetella carolinensis	Gray Catbird
ropenspottdrossel	Mimus gilvus	Tropical Mockingbird

Motacillidae

azifikpieper	Anthus rubescens	American Pipit

Bombycillidae

edernseidenschwanz	Bombycilla cedrorum	Cedar Waxwing

Ptiliogonatidae

elbflanken-Seidenschnäpper	Phainoptila melanoxantha	Black-and-yellow Silky-flycatcher
angschwanz-Seidenschnäpper	Ptiliogonys caudatus	Long-tailed Silky-flycatcher

Parulidae

eperwaldsänger	Seiurus aurocapilla	Ovenbird
aldenwaldsänger	Helmitheros vermivorum	Worm-eating Warbler
telzenwaldsänger	Parkesia motacilla	Louisiana Waterthrush
rosselwaldsänger	Parkesia noveboracensis	Northern Waterthrush
oldflügel-Waldsänger	Vermivora chrysoptera	Golden-winged Warbler
lauflügel-Waldsänger	Vermivora cyanoptera	Blue-winged Warbler
etterwaldsänger	Mniotilta varia	Black-and-white Warbler
tronenwaldsänger	Protonotaria citrea	Prothonotary Warbler
euerwaldsänger	Oreothlypis gutturalis	Flame-throated Warbler
rauenwaldsänger	Oreothlypis peregrina	Tennessee Warbler
rangefleck-Waldsänger	Oreothlypis celata	Orange-crowned Warbler
ubinfleck-Waldsänger	Oreothlypis ruficapilla	Nashville Warbler
ugenring-Waldsänger	Oporornis agilis	Connecticut Warbler

Wiesengelbkehlchen	Geothlypis poliocephala	Gray-crowned Yellowthroat
Maskengelbkehlchen	Geothlypis aequinoctialis	Masked Yellowthroat
Dickichtwaldsänger	Geothlypis tolmiei	MacGillivray's Warbler
Graukopf-Waldsänger	Geothlypis philadelphia	Mourning Warbler
Kentuckywaldsänger	Geothlypis formosa	Kentucky Warbler
Olivscheitel-Gelbkehlchen	Geothlypis semiflava	Olive-crowned Yellowthroat
Weidengelbkehlchen	Geothlypis trichas	Common Yellowthroat
Kapuzenwaldsänger	Setophaga citrina	Hooded Warbler
Schnäpperwaldsänger	Setophaga ruticilla	American Redstart
Tigerwaldsänger	Setophaga tigrina	Cape May Warbler
Pappelwaldsänger	Setophaga cerulea	Cerulean Warbler
Meisenwaldsänger	Setophaga americana	Northern Parula
Elfenwaldsänger	Setophaga pitiayumi	Tropical Parula
Magnolienwaldsänger	Setophaga magnolia	Magnolia Warbler
Braunbrust-Waldsänger	Setophaga castanea	Bay-breasted Warbler
Fichtenwaldsänger	Setophaga fusca	Blackburnian Warbler
Goldwaldsänger	Setophaga petechia	Yellow Warbler
Gelbscheitel-Waldsänger	Setophaga pensylvanica	Chestnut-sided Warbler
Streifenwaldsänger	Setophaga striata	Blackpoll Warbler
Blaurücken-Waldsänger	Setophaga caerulescens	Black-throated Blue Warbler
Palmenwaldsänger	Setophaga palmarum	Palm Warbler
Kiefernwaldsänger	Setophaga pinus	Pine Warbler
Kronwaldsänger	Setophaga coronata	Yellow-rumped Warbler
Goldkehl-Waldsänger	Setophaga dominica	Yellow-throated Warbler
Rostscheitel-Waldsänger	Setophaga discolor	Prairie Warbler
Townsendwaldsänger	Setophaga townsendi	Townsend's Warbler
Einsiedelwaldsänger	Setophaga occidentalis	Hermit Warbler
Goldwangen-Waldsänger	Setophaga chrysoparia	Golden-cheeked Warbler
Grünwaldsänger	Setophaga virens	Black-throated Green Warbler
Rotkappen-Waldsänger	Basileuterus rufifrons	Rufous-capped Warbler
Schwarzwangen-Waldsänger	Basileuterus melanogenys	Black-cheeked Warbler
Goldhähnchen-Waldsänger	Basileuterus culicivorus	Golden-crowned Warbler
Costa Rica-Dreistreifenwaldsänger	Basileuterus melanotis	Costa Rican Warbler
Schmätzerwaldsänger	Myiothlypis fulvicauda	Buff-rumped Warbler
Kanadawaldsänger	Cardellina canadensis	Canada Warbler
Mönchswaldsänger	Cardellina pusilla	Wilson's Warbler
Larvenwaldsänger	Myioborus miniatus	Slate-throated Redstart
Halsband-Waldsänger	Myioborus torquatus	Collared Redstart
Zeledonwaldsänger	Zeledonia coronata	Wrenthrush
Gelbbrust-Waldsänger	Icteria virens	Yellow-breasted Chat

hraupidae

raukopftangare	Eucometis penicillata	Gray-headed Tanager
auertangare	Tachyphonus luctuosus	White-shouldered Tanager
chwarzachseltangare	Tachyphonus delatrii	Tawny-crested Tanager
chwarztangare	Tachyphonus rufus	White-lined Tanager
eißkehl-Würgertangare	Lanio leucothorax	White-throated Shrike-Tanager
ammentangare	Ramphocelus sanguinolentus	Crimson-collared Tanager
asserinitangare	Ramphocelus passerinii	Passerini's Tanager
herrietangare	Ramphocelus costaricensis	Cherrie's Tanager
angstangare	Bangsia arcaei	Blue-and-gold Tanager
schofstangare	Thraupis episcopus	Blue-gray Tanager
ottangare	Thraupis abbas	Yellow-winged Tanager
almentangare	Thraupis palmarum	Palm Tanager
urpurmaskentangare	Tangara larvata	Golden-hooded Tanager
eckentangare	Tangara guttata	Speckled Tanager
lanzfleckentangare	Tangara dowii	Spangle-cheeked Tanager
chlichttangare	Tangara inornata	Plain-colored Tanager
oldflügeltangare	Tangara lavinia	Rufous-winged Tanager
rüntangare	Tangara gyrola	Bay-headed Tanager
maragdtangare	Tangara florida	Emerald Tanager
lberkehltangare	Tangara icterocephala	Silver-throated Tanager
chwalbentangare	Tersina viridis	Swallow Tanager
otschenkelpitpit	Dacnis venusta	Scarlet-thighed Dacnis
aukopfpitpit	Dacnis cayana	Blue Dacnis
zurnaschvogel	Cyanerpes lucidus	Shining Honeycreeper
ürkisnaschvogel	Cyanerpes cyaneus	Red-legged Honeycreeper
appennaschvogel	Chlorophanes spiza	Green Honeycreeper
chwefelbürzeltangare	Heterospingus rubrifrons	Sulphur-rumped Tanager
tronentangare	Chrysothlypis chrysomelas	Black-and-yellow Tanager
nfarb-Hakenschnabel	Diglossa plumbea	Slaty Flowerpiercer
chieferämmerling	Haplospiza rustica	Slaty Finch
oitzschnabelämmerling	Acanthidops bairdi	Peg-billed Finch
urzschnabel-Gilbammer	Sicalis luteola	Grassland Yellow-Finch
eilschwanzammer	Emberizoides herbicola	Wedge-tailed Grass-Finch
cariniammer	Volatinia jacarina	Blue-black Grassquit
iamantpfäffchen	Sporophila lineola	Lined Seedeater
wergpfäffchen	Sporophila minuta	Ruddy-breasted Seedeater
ickschnabel-Reisknacker	Sporophila funerea	Thick-billed Seed-Finch
osenschnabel-Reisknacker	Sporophila nuttingi	Nicaraguan Seed-Finch
Mohrenpfäffchen	Sporophila corvina	Variable Seedeater
raunbürzelpfäffchen	Sporophila torqueola	White-collared Seedeater

Gelbbauchpfäffchen	Sporophila nigricollis	Yellow-bellied Seedeater
Schieferpfäffchen	Sporophila schistacea	Slate-colored Seedeater
Zuckervogel	Coereba flaveola	Bananaquit
Goldbrauen-Gimpelfink	Tiaris olivaceus	Yellow-faced Grassquit
Kokosinselammer	Pinaroloxias inornata	Cocos Finch
Rußgesichttangare	Mitrospingus cassinii	Dusky-faced Tanager
Rosenbrusttangare	Rhodinocichla rosea	Rosy Thrush-Tanager
Buntkehlsaltator	Saltator maximus	Buff-throated Saltator
Schwarzkappensaltator	Saltator atriceps	Black-headed Saltator
Grausaltator	Saltator coerulescens	Grayish Saltator
Strichelsaltator	Saltator striatipectus	Streaked Saltator
Rotschnabelsaltator	Saltator grossus	Slate-colored Grosbeak

Emberizidae

Graukehl-Buschtangare	Chlorospingus canigularis	Ashy-throated Chlorospingus
Weißbrauen-Buschtangare	Chlorospingus pileatus	Sooty-capped Chlorospingus
Finkenbuschtangare	Chlorospingus flavopectus	Common Chlorospingus
Rostschwanzammer	Peucaea ruficauda	Stripe-headed Sparrow
Botteriammer	Peucaea botterii	Botteri's Sparrow
Heuschreckenammer	Ammodramus savannarum	Grasshopper Sparrow
Olivrückenammer	Arremonops rufivirgatus	Olive Sparrow
Panamaammer	Arremonops conirostris	Black-striped Sparrow
Schwirrammer	Spizella passerina	Chipping Sparrow
Fahlammer	Spizella pallida	Clay-colored Sparrow
Rainammer	Chondestes grammacus	Lark Sparrow
Panamabuschammer	Arremon costaricensis	Costa Rican Brushfinch
Goldschnabel-Buschammer	Arremon aurantiirostris	Orange-billed Sparrow
Braunkopf-Buschammer	Arremon brunneinucha	Chestnut-capped Brushfinch
Dickschnabel-Buschammer	Arremon crassirostris	Sooty-faced Finch
Streifenwinterammer	Junco vulcani	Volcano Junco
Morgenammer	Zonotrichia capensis	Rufous-collared Sparrow
Grasammer	Passerculus sandwichensis	Savannah Sparrow
Lincolnammer	Melospiza lincolnii	Lincoln's Sparrow
Großfuß-Buschammer	Pezopetes capitalis	Large-footed Finch
Weißohr-Grundammer	Melozone leucotis	White-eared Ground-Sparrow
Weißwangen-Grundammer	Melozone biarcuata	Prevost's Ground-Sparrow
Rostrückenammer	Aimophila rufescens	Rusty Sparrow
Gelbschenkel-Buschammer	Pselliophorus tibialis	Yellow-thighed Finch
Weißnacken-Buschammer	Atlapetes albinucha	White-naped Brushfinch

ardinalidae

nnobertangare	Piranga flava	Hepatic Tanager
ommertangare	Piranga rubra	Summer Tanager
charlachtangare	Piranga olivacea	Scarlet Tanager
eferntangare	Piranga ludoviciana	Western Tanager
uttangare	Piranga bidentata	Flame-colored Tanager
eißbindentangare	Piranga leucoptera	White-winged Tanager
arminameisentangare	Habia rubica	Red-crowned Ant-Tanager
otkehl-Ameisentangare	Habia fuscicauda	Red-throated Ant-Tanager
chwarzwangen-Ameisentangare	Habia atrimaxillaris	Black-cheeked Ant-Tanager
armiol-Tangare	Chlorothraupis carmioli	Carmiol's Tanager
raubauchkardinal	Caryothraustes poliogaster	Black-faced Grosbeak
chwarzschenkel-Kernknacker	Pheucticus tibialis	Black-thighed Grosbeak
osenbrust-Kernknacker	Pheucticus ludovicianus	Rose-breasted Grosbeak
chwarzkopf-Kernknacker	Pheucticus melanocephalus	Black-headed Grosbeak
digopfäffchen	Amaurospiza concolor	Blue Seedeater
tahlbischof	Cyanocompsa cyanoides	Blue-black Grosbeak
asurbischof	Cyanocompsa parellina	Blue Bunting
zurfink	Passerina caerulea	Blue Grosbeak
digofink	Passerina cyanea	Indigo Bunting
apstfink	Passerina ciris	Painted Bunting
ickzissel	Spiza americana	Dickcissel

teridae

eisstärling	Dolichonyx oryzivorus	Bobolink
otflügelstärling	Agelaius phoeniceus	Red-winged Blackbird
erchenstärling	Sturnella magna	Eastern Meadowlark
otbruststärling	Sturnella militaris	Red-breasted Meadowlark
rillenstärling	Xanthocephalus xanthocephalus	Yellow-headed Blackbird
rauerstärling	Dives dives	Melodious Blackbird
ohlengrackel	Quiscalus mexicanus	Great-tailed Grackle
icaraguagrackel	Quiscalus nicaraguensis	Nicaraguan Grackle
eidenkuhstärling	Molothrus bonariensis	Shiny Cowbird
otaugenkuhstärling	Molothrus aeneus	Bronzed Cowbird
iesenkuhstärling	Molothrus oryzivorus	Giant Cowbird
elbschultertrupial	Icterus prosthemelas	Black-cowled Oriole
artentrupial	Icterus spurius	Orchard Oriole
chwarzflügeltrupial	Icterus chrysater	Yellow-backed Oriole
elbschwanztrupial	Icterus mesomelas	Yellow-tailed Oriole
iroltrupial	Icterus pustulatus	Streak-backed Oriole
ullocktrupial	Icterus bullockii	Bullock's Oriole

Tropfentrupial	Icterus pectoralis	Spot-breasted Oriole
Baltimoretrupial	Icterus galbula	Baltimore Oriole
Gelbschnabelkassike	Amblycercus holosericeus	Yellow-billed Cacique
Scharlachbürzelkassike	Cacicus uropygialis	Scarlet-rumped Cacique
Krähenstirnvogel	Psarocolius decumanus	Crested Oropendola
Rotkopf-Stirnvogel	Psarocolius wagleri	Chestnut-headed Oropendola
Montezumastirnvogel	Psarocolius montezuma	Montezuma Oropendola

Fringillidae

Buschorganist	Euphonia affinis	Scrub Euphonia
Gelbscheitelorganist	Euphonia luteicapilla	Yellow-crowned Euphonia
Dickschnabelorganist	Euphonia laniirostris	Thick-billed Euphonia
Schwalbenorganist	Euphonia hirundinacea	Yellow-throated Euphonia
Blaukappenorganist	Euphonia elegantissima	Elegant Euphonia
Stirnfleckenorganist	Euphonia imitans	Spot-crowned Euphonia
Olivrückenorganist	Euphonia gouldi	Olive-backed Euphonia
Weißbauchorganist	Euphonia minuta	White-vented Euphonia
Braunscheitelorganist	Euphonia anneae	Tawny-capped Euphonia
Goldbrauenorganist	Chlorophonia callophrys	Golden-browed Chlorophonia
Mexikozeisig	Spinus psaltria	Lesser Goldfinch
Gelbbauchzeisig	Spinus xanthogastrus	Yellow-bellied Siskin

Passeridae

Haussperling	Passer domesticus	House Sparrow

Estrildidae

Schwarzbauchnonne	Lonchura malacca	Tricolored Munia

Quellen:

https://avibase.bsc-eoc.org/checklist
Alle Vögel der Welt - Die komplette Checkliste aller Arten und Unterarten (ISBN-13: 978-3-7347-4407-5)
American Ornithologists' Union. 1998 and supplements. Check-list of North American birds. 7th edition. Washington, D.C.: AOU. http://checklist.aou.org/[Species records]
BirdLife International and Handbook of the Birds of the World (2016) Bird species distribution maps of the world. Version 6.0. Available at http://datazone.birdlife.org/species/request-dis http://datazone.birdlife.org/species/requestdis [Species records]
Clements, J. F., T. S. Schulenberg, M. J. Iliff, D. Roberson, T. A. Fredericks, B. L. Sullivan, and C. L. Wood. 2014. The eBird/Clements checklist of birds of the world: Version 6.9. http://www.birds.cornell.edu/clementschecklist/download/ [Species records]
Cornell Lab of Ornithology. 2011-2016. eBird. http://www.ebird.org/ [Species records]
del Hoyo, Josep (ed.), Elliott, A (ed.), Sargatal, J (ed.) (vol. 1?7), and Christie, DA (ed.) (vol. 8?16). 1992?2013. Handbook of the Birds of the World. Lynx Edicions. http://www.hbw.com/ [Species records, Synonyms]
Dickinson, EC (Ed.), Remsen Jr., JV (Ed.). 2013. The Howard and Moore Complete Checklist of the Birds of the World. Aves Press. [Species records]
Gill, F. and M. Wright. 2006. Birds of the world, recommended English names. Princeton University Press http://worldbirdnames.org/ [Species records]
Howard, Richard & Alick Moore (1991) A Complete Checklist of the Birds of the World. 360 p. [Species records]
http://listaoficialavesdecostarica.wordpress.com/lista-oficial/ [Distribution]
James F. Clements. 2000 and revisions. Birds of the World - A Checklist. 5th edition. Ibis Publishing Company, 2000. [Species records]
Peters, J. L. 1931-1987. Check-list of Birds of the World. 15 vols. + Index. Harvard Press. http://www.biodiversitylibrary.org/bibliography/14581 [Species records]
Ridgely, R. S., T. F. Allnutt, T. Brooks, D. K. McNicol, D. W. Mehlman, B. E. Young, and J. R. Zook. 2005. Digital Distribution Maps of the Birds of the Western Hemisphere, version 2.1. NatureServe, Arlington, Virginia, USA. http://www.natureserve.org/getData/birdMaps.jsp [Distribution]
Sibagu: Bird Names in Oriental Languages. http://sibagu.com/ [Synonyms]
Sibley, CG. 1996. Birds of the World. Thayer Birding Software. [Species records]
Zeledonia. 2002. Lista officiale de las aves de Costa Rica, Comentarios Sobre Su Estado De Conservación. Boletín Especial De La Asociación Ornitológica De Costa Rica. http://www.zeledonia.org/files/aves.html [Distribution]

Weitere Bücher aus der fotolulu-Taschenbuchserie

Birds of Costa Rica

Birds of Südafrika

Birds of Madagaskar

Birds of Kuba

Birds of Argentina

Birds of Iceland

Birds of Seychellen

Birds of Deutschland

Birds of Florida & Bahamas

Diese Bücher sind erhältlich bei BoD (Books on Demand):
https://www.bod.de